Pokémon

Acchiap... li!™

LA GUIDA UFFICIALE AI POKÉMON

LEGGENDARI E MISTERIOSI

Testi di
Simcha Whitehill

MONDADORI

Traduzione di Stefania Lepera
Realizzazione editoriale a cura di Studio Noesis

Mondadori Libri S.p.A., Milano, per l'edizione italiana
Titolo dell'opera originale: *Official Guide to Legendary and Mythical Pokémon*

Prima edizione aprile 2017
Seconda ristampa settembre 2017
Stampato presso ELCOGRAF S.p.A.
Via Mondadori, 15 - Verona

Printed in Italy

ISBN 978-88-04-67646-1

SOMMARIO

SCOPRI I POKÉMON LEGGENDARI E MISTERIOSI!

I Pokémon Leggendari e Misteriosi sono protagonisti dei più antichi racconti e li troverai tutti in questa guida!

I loro poteri hanno dato forma alla storia e, in alcuni casi, al mondo perché sono incredibilmente forti, più di ogni altro Pokémon.

Vagano per le regioni di Kanto, Johto, Hoenn, Sinnoh, Unima e Kalos. Pochissime persone possono raccontare di averne intravisto uno. Tu invece potrai osservarli da vicino.

Cosa aspetti? Gira pagina per conoscerli tutti!

POKÉMON LEGGENDARI E MISTERIOSI DI KANTO

GLI UCCELLI

POKÉMON LEGGENDARIO

ARTICUNO

POKÉMON GELO

Altezza
1,7 m

Peso
55,4 kg

Tipo
GHIACCIO-VOLANTE

Articuno è noto come Pokémon Gelo e può facilmente congelare un avversario. Questo Pokémon Leggendario è così potente che può volare semplicemente muovendo la lunga coda simile a un nastro. Battendo le ali può raffreddare l'atmosfera, lasciando una scia di neve dietro di sé.

Mentre Ash e i suoi amici si dirigevano verso il Parco Lotta, in una giornata di sole, si ritrovarono nel bel mezzo di una tempesta di neve. Bastò alzare gli occhi per scoprire che a causarla era stato proprio Articuno!

DI KANTO

MOLTRES

Questo Uccello Leggendario può davvero surriscaldare il clima e anche il campo di battaglia! Quando appare vuol dire che l'inverno è finito e sta arrivando la primavera. Se Moltres cambia le stagioni, c'è però una cosa che resta uguale: il fuoco obbedisce sempre ai suoi voleri.

Quando è ferito, pare che cerchi riparo all'interno di un vulcano e si curi tuffandosi nella lava. Naturalmente, può emettere fiamme e controllarle a suo piacimento.

Grazie a questi poteri, la sua fiamma arde nella fiaccola della Lega Pokémon di Kanto.

Ash desiderava tanto portare questa fiaccola fino al campo di battaglia, e c'era quasi riuscito quando cadde in una trappola predisposta dal Team Rocket che voleva impadronirsi della fiamma di Moltres. Per fortuna, il presidente della Lega conservava in una lampada un'altra piccola fiamma, così potente da riaccendere la fiaccola e impartire una bella lezione a Jessie, James e Meowth.

POKÉMON LEGGENDARIO

POKÉMON FIAMMA

Altezza
2,0 m

Peso
60,0 kg

Tipo
FUOCO-VOLANTE

ZAPDOS

Quando Zapdos viene colpito da un fulmine, i suoi poteri crescono. Questo Pokémon Leggendario, infatti, può piegare l'elettricità al suo volere.

In mancanza di temporali, Zapdos può ricaricarsi in un misterioso lago sulla cima di una montagna vicino a Ebanopoli. Tanti anni fa, durante una tempesta, un antico tempio sul lago prese fuoco e un potente cristallo custodito al suo interno cadde nell'acqua. Ancora oggi le correnti incantate del lago sono in grado di rigenerare i Pokémon di tipo Elettro come Zapdos.

Ash condusse Pikachu sulle rive del lago per curarlo, ma appena fu guarito arrivò il Team Rocket per rubare il misterioso cristallo. Zapdos usò tutta la sua energia per scacciare Jessie, James e Meowth, ma in questa azione il cristallo fu accidentalmente scaraventato via.

Ash e Pikachu lottarono contro il Team Rocket e riportarono il cristallo al lago, anche se la magica pietra aveva perso il suo splendore. Zapdos era ancora debole, quindi Pikachu, con grande coraggio, gli lanciò Tuonoshock per rigenerare la sua forza, e così Zapdos poté restituire energia al cristallo.

POKÉMON LEGGENDARIO

POKÉMON ELETTRICO

Altezza
1,6 m

Peso
52,6 kg

Tipo
ELETTRO-VOLANTE

MEW

È divertente imbattersi in un Pokémon spensierato come Mew, ma questo non significa che si possa prenderlo poco sul serio. Questa piccola creatura rosa gioca un ruolo importante nella genetica dei Pokémon. Si dice infatti che le cellule di Mew contengano l'intero patrimonio genetico dei Pokémon.

Mew sa rendersi invisibile, in modo che nessuno possa notarlo, e ha un legame speciale con l'universo. È molto sensibile all'ambiente e risente di ogni turbamento nel delicato equilibrio della natura. Per il suo grande potere e le sue conoscenze, Mew è spesso nel mirino dei cattivi, tanto che la sua vita è stata minacciata più volte.

POKÉMON MISTERIOSO

POKÉMON NOVASPECIE

Altezza
0,4 m

Peso
4,0 kg

Tipo
PSICO

MEWTWO

MEGA MEWTWO X

MEGA MEWTWO Y

POKÉMON LEGGENDARIO

POKÉMON GENETICO

Altezza: *2,0 m*
Peso: *122,0 kg*
Tipo: *PSICO*

MEGA MEWTWO X

POKÉMON GENETICO

Altezza: *2,3 m*
Peso: *127,0 kg*
Tipo: *PSICO-LOTTA*

MEGA MEWTWO Y

POKÉMON GENETICO

Altezza: *1,5 m*
Peso: *33,0 kg*
Tipo: *PSICO*

MEWTWO

Gli scienziati crearono Mewtwo manipolando i suoi geni. Se solo gli avessero fornito la capacità di provare compassione...

Mewtwo è incredibilmente potente, ma anche molto pericoloso. Nel creare il suo corpo, gli umani lo lasciarono senza cuore.

POKÉMON LEGGENDARI E MISTERIOSI DI JOHTO

HO-OH

Le piume di Ho-Oh riflettono la luce rilasciando bagliori dei colori dell'arcobaleno. Si dice che queste piume portino gioia a chiunque le trovi.

Durante il suo primo giorno da Allenatore, Ash si ritrovò insieme a Pikachu in un violento temporale. Quando le nubi si dispersero, spuntò un arcobaleno e ad Ash sembrò di vedere volare via un Ho-Oh.

Tanto tempo fa, un malvagio re dell'antica Pokélantis provò a usare i poteri di Ho-Oh per dominare il mondo, ma ottenne solo la distruzione del suo regno. Lo spirito del re fu così rinchiuso in una sfera. Quando Ash e i suoi amici trovarono le rovine di Pokélantis, lo spirito del malvagio re entrò nel corpo del ragazzo. La forza di volontà di Ash ebbe la meglio sul re e riuscì a cacciare lo spirito.

Per celebrare la vittoria di Ash sul malvagio re, Ho-Oh volò su di lui. Nel rivedere questo Pokémon Leggendario, ad Ash tornò in mente il ricordo del suo primo giorno da Allenatore.

POKÉMON LEGGENDARIO

POKÉMON ARCOBALENO

Altezza
3,8 m

Peso
199,0 kg

Tipo
FUOCO-VOLANTE

POKÉMON
MISTERIOSO

POKÉMON
TEMPOVIA

Altezza
0,6 m

Peso
5,0 kg

Tipo
PSICO-ERBA

CELEBI

Celebi è tornato indietro nel tempo per giungere in questo mondo. Secondo il mito, la sua presenza è segno di un futuro felice.

Celebi può viaggiare nel tempo e anche modificarlo, ma si dice che compaia solo in periodi in cui regna la pace. Inoltre ha un profondo legame con la natura, in particolare con le foreste, e svolge un ruolo importante nella difesa dell'ambiente.

LUGIA

Con un colpo delle sue possenti ali, Lugia può abbattere un edificio. Per la sicurezza di tutti, questo Pokémon Leggendario vive nel profondo del mare, di cui è il guardiano.

Il suo più grande potere è la telepatia: può comunicare con le menti altrui senza dire una parola.

Ash e i suoi amici incontrarono questo Pokémon quando il Team Rocket si unì a Butch e Cassidy per catturare il piccolo di Lugia, per ordine del Dr. Namba.

Ash e gli altri intervennero per salvare il cucciolo, ma fallirono e vennero catturati. Ash però non si arrese. Prima conquistò la fiducia di Lugia, poi chiese aiuto a Pikachu per respingere il Dr. Namba e la sua squadra. Unendo le forze, riuscirono a liberarsi e a sventare il malvagio piano.

POKÉMON LEGGENDARIO

POKÉMON IMMERSIONE

Altezza
5,2 m

Peso
216,0 kg

Tipo
PSICO-VOLANTE

LE BESTIE

POKÉMON LEGGENDARIO

RAIKOU

POKÉMON TUONO

Altezza
1,9 m

Peso
178,0 kg

Tipo
ELETTRO

Il ruggito di Raikou non serve solo a intimorire i nemici: è così potente da far tremare la terra e scuotere l'aria.

Questa Bestia Leggendaria può lanciare un urlo devastante, si muove alla velocità del fulmine e dalla pelliccia simile a una nube che ha sulla schiena escono saette.

Si manifesta durante i temporali, ma non è facile vederlo perché sfreccia nel cielo a incredibile velocità.

ENTEI

Non c'è fumo senza arrosto. In questo caso, il fumo che esce dalla sua schiena è un chiaro avvertimento: le mosse di Fuoco di Entei bruciano come lava.

Si dice che Entei sia nato dall'eruzione di un vulcano, e il calore del magma arda nel cuore di questo Pokémon Leggendario.

Ash e i suoi amici videro Entei in azione quando un Allenatore lo sfidò in battaglia! Anche se Misdreavus era certo di poter intrappolare Entei con la mossa Malosguardo, l'imbattibile Pokémon la schivò facilmente. In un lampo scomparve, ma la sua imponente figura lasciò un ricordo indelebile in Ash e nei suoi compagni.

POKÉMON LEGGENDARIO

POKÉMON VULCANO

Altezza
2,1 m

Peso
198,0 kg

Tipo
FUOCO

SUICUNE

Suicune può ripulire laghi e fiumi dall'inquinamento: il cuore di questo Pokémon Leggendario è limpido come acqua. Quando si avvicina a un bacino d'acqua sporca, questa si ripulisce e si rinnova immediatamente. Il dono di Suicune lo rende indispensabile per preservare il delicato equilibrio della natura. Si dice che si muova con il vento del nord, per recare aiuto a chiunque ne abbia bisogno, che sia un umano o un Pokémon.

Ash fu salvato da questa Bestia Leggendaria! Mentre lui e la sua amica Paige stavano volteggiando insieme ad alcuni Drifloon, si ritrovarono nel bel mezzo di una tempesta. Per fortuna la sorella di Paige sapeva esattamente dove trovare Suicune, che rispose al suo richiamo. La ragazza salì a cavallo del Pokémon Leggendario e i due corsero in soccorso di Ash e Paige, che stavano per precipitare da una montagna. Prima che Ash potesse ringraziarlo, il Pokémon Aurora era già scomparso per portare aiuto altrove.

POKÉMON LEGGENDARIO

POKÉMON AURORA

Altezza
2,0 m

Peso
187,0 kg

Tipo
ACQUA

POKÉMON LEGGENDARI E MISTERIOSI DI HOENN

DEOXYS

Deoxys può lanciare raggi laser dal cristallo sul suo petto. Questo Pokémon estremamente intelligente è nato dalla mutazione di un virus proveniente dallo spazio. Il suo cervello, dalle incredibili capacità, non risiede nella testa ma nel cristallo. Deoxys è connesso alle Aurore Boreali e appare alle prime luci del mattino.

Nel loro viaggio verso Plumbeopoli, Ash e i suoi amici notarono una strana alba e, subito dopo, i PokéNav e le PokéBall cominciarono a vibrare. Un gruppo di Altaria e Swablu volava lì intorno in modo inusuale e così i ragazzi decisero di scoprire l'origine del disturbo elettromagnetico. La ricerca li condusse al punto in cui era precipitato il meteorite di Deoxys. Qui trovarono il Pokémon Leggendario, infreddolito, intimorito e solo in questo pianeta per lui sconosciuto. Con l'aiuto dei suoi nuovi amici, ritornò alla sua Forma Normale. Deoxys era così felice di aver trovato amici in questo mondo che decise di partire per fare nuovi incontri.

POKÉMON LEGGENDARIO

POKÉMON DNA

Altezza
1,7 m

Peso
60,8 kg

Tipo
PSICO

LO SAPEVI?

Prima Deoxys era considerato un Pokémon Misterioso. Oggi invece è un Leggendario.

POKÉMON MISTERIOSO

JIRACHI

Si dice che questo Pokémon Misterioso dorma per periodi di mille anni, ma quando si risveglia ha il potere di trasformare i sogni in realtà!

Secondo il mito, se scrivi il tuo desiderio su uno dei bigliettini che ha sulla testa e poi canti con voce pura, Jirachi si sveglierà dal suo sonno millenario ed esaudirà la tua richiesta.

Una volta sveglio, Jirachi passerà un'intera settimana a far sì che tutti i desideri scritti sui bigliettini si realizzino, poi tornerà al suo letargo. Questo Pokémon, però, non rimane inerme nel sonno: se un pericolo lo minaccia, è in grado di combattere e respingere l'aggressore senza neanche aprire gli occhi. Niente può distogliere Jirachi dal suo pisolino!

POKÉMON DESIDERIO

Altezza
0,3 m

Peso
1,1 kg

Tipo
ACCIAIO-PSICO

KYOGRE ARCHEOKYOGRE

KYOGRE

Si dice che Kyogre sia la personificazione del mare. Può incamerare l'intero potere della natura e scatenare immani tempeste in grado di sollevare il livello del mare e inondare la terra. Spesso si scontra con Groudon.

Un'antica leggenda racconta che un giorno Kyogre, che dormiva in una fossa oceanica, si svegliò e scatenò un'incredibile tempesta. Enormi onde e una pesante pioggia si abbatterono sulla terraferma.

Può capitare a chiunque di svegliarsi un po' di malumore al mattino, ma questo Pokémon Leggendario supera tutti!

POKÉMON LEGGENDARIO

POKÉMON OCEANO

Altezza: 4,5 m

Peso: 352,0 kg

Tipo: ACQUA

ARCHEOKYOGRE

POKÉMON OCEANO

Altezza: 9,8 m

Peso: 430,0 kg

Tipo: ACQUA

POKÉMON LEGGENDARIO

GROUDON → ARCHEOGROUDON

GROUDON

POKÉMON CONTINENTE

Altezza: 3,5 m
Peso: 950,0 kg
Tipo: TERRA

ARCHEOGROUDON
POKÉMON CONTINENTE

Altezza: 5,0 m
Peso: 999,7 kg
Tipo: TERRA-FUOCO

Si dice che Groudon sia la personificazione della terra. Può incamerare l'intero potere della natura e ampliare i continenti con eruzioni di magma. Inoltre può usare il magma per far evaporare gli oceani ed espandere la terraferma. Spesso si scontra con Kyogre.

Con il suo peso di quasi una tonnellata, è probabilmente il più massiccio tra i Pokémon Leggendari e gli piace esibire la sua stazza. La leggenda narra che Groudon cadde in un sonno profondo dopo un'intensa battaglia con Kyogre.

RAYQUAZA

Si dice che questo antico Pokémon voli nello strato di ozono dell'atmosfera e si nutra di meteoriti. Rayquaza è costantemente spinto verso la giustizia ed è famoso per aver messo finalmente fine alla lotta tra Kyogre e Groudon e ristabilito l'ordine. Non si sa quando sia iniziata quella battaglia, ma si dice che Rayquaza abbia centinaia di milioni di anni. Riesci a immaginare quanto deve essere grande la torta per il suo compleanno con tutte quelle candeline?

POKÉMON LEGGENDARIO

POKÉMON STRATOSFERA

Altezza: *7,0 m*

Peso: *206,5 kg*

Tipo: *DRAGO-VOLANTE*

MEGA RAYQUAZA

POKÉMON STRATOSFERA

Altezza: *10,8 m*

Peso: *392,0 kg*

Tipo: *DRAGO-VOLANTE*

RAYQUAZA ***MEGA RAYQUAZA***

IL DUO EONE

LATIOS

Latios può entrare nella mente degli altri per condividere informazioni. Se raccoglie le gambe contro il corpo, può raggiungere la velocità di un jet.

È in grado di capire il linguaggio umano, ma apre il proprio cuore solo ad Allenatori gentili. Non gli piace combattere e cerca sempre di risolvere le situazioni con la razionalità.

Ash ha avuto l'opportunità di vedere in azione questo Pokémon così schivo. Nella semifinale della Legga di Sinnoh, infatti, Ash stava usando Sceptile contro Tobias, e quest'ultimo decise di chiamare in campo Latios. Latios usò Gigaimpatto e mandò Sceptile fuori combattimento. Ash chiamò Swellow, ma Latios lo sconfisse con Abbagliante. A quel punto Ash poteva contare solo su Pikachu, ma le sue mosse furono respinte con Schermoluce. Pikachu usò una combinazione così potente di Locomovolt e Codacciaio da riuscire a stare alla pari con Schermoluce. L'intensità del combattimento fu tale che i due Pokémon rimasero entrambi incapaci di continuare. Tobias fu dichiarato vincitore, ma Ash fu orgoglioso del coraggio dimostrato dal suo amico Pikachu.

POKÉMON LEGGENDARIO

POKÉMON EONE

Altezza: 2,0 m

Peso: 60,0 kg

Tipo: DRAGO-PSICO

MEGA LATIOS

POKÉMON EONE

Altezza: 2,3 m

Peso: 70,0 kg

Tipo: DRAGO-PSICO

LATIOS

MEGA LATIOS

LATIAS MEGA LATIAS

LATIAS

Sensibile e intelligente, Latias può percepire le emozioni delle persone e capire il loro linguaggio.

Le sue piume riflettono la luce e le permettono di mutare aspetto.

Non è necessario parlarle, perché è in grado di leggere nella mente. Chi ha cattive intenzioni deve stare molto attento: Latias se ne accorge subito e reagisce arruffando le piume e lanciando urla così stridenti da intimorire anche il più forte degli avversari.

POKÉMON LEGGENDARIO

POKÉMON EONE

Altezza: 1,4 m

Peso: 40,0 kg

Tipo: DRAGO-PSICO

MEGA LATIAS

POKÉMON EONE

Altezza: 1,8 m

Peso: 52,0 kg

Tipo: DRAGO-PSICO

IL LEGGENDARIO

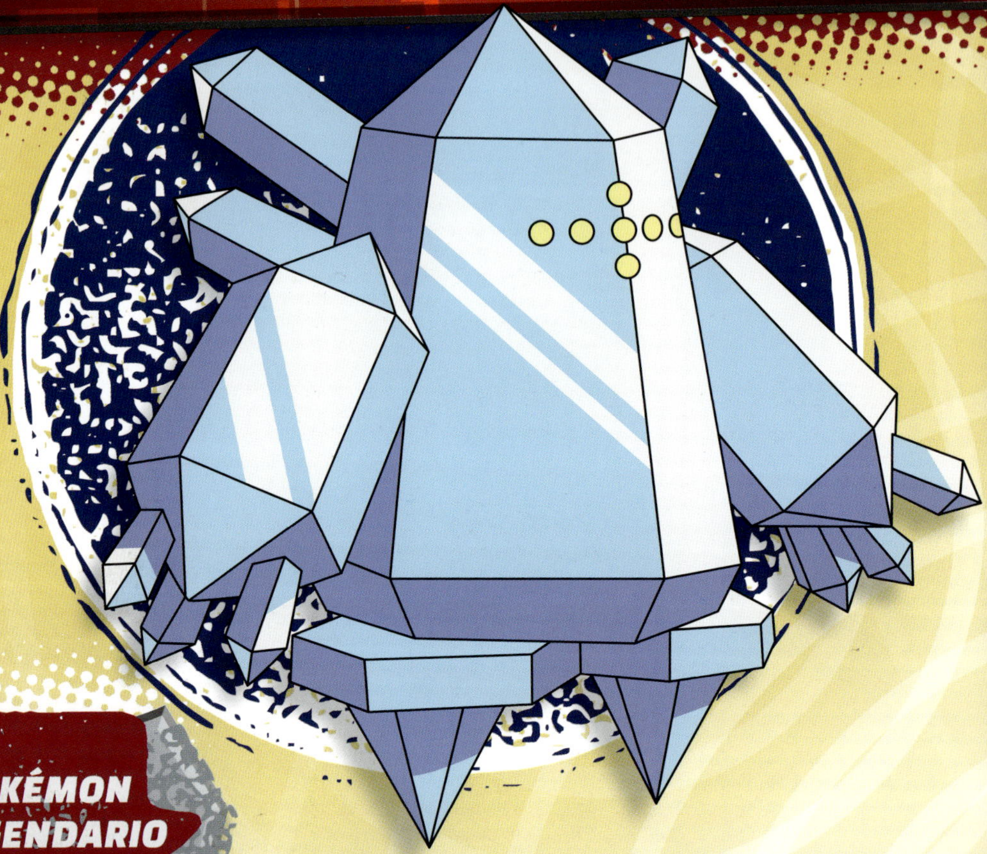

POKÉMON LEGGENDARIO

REGICE

POKÉMON ICEBERG

Altezza
1,8 m

Peso
175,0 kg

Tipo
GHIACCIO

Nato in un'epoca di glaciazioni, Regice ha il corpo talmente ghiacciato che neppure la lava lo intacca. Può abbassare la temperatura dell'aria di moltissimi gradi.

Il ghiaccio che copre il suo corpo è così antico e freddo che è impossibile scioglierlo. Anche se Regice si tuffasse in un vulcano, il magma incandescente non avrebbe alcun effetto sulla sua forma. La sua temperatura corporea è sempre a 200 gradi centigradi sotto zero.

TRIO HOENN

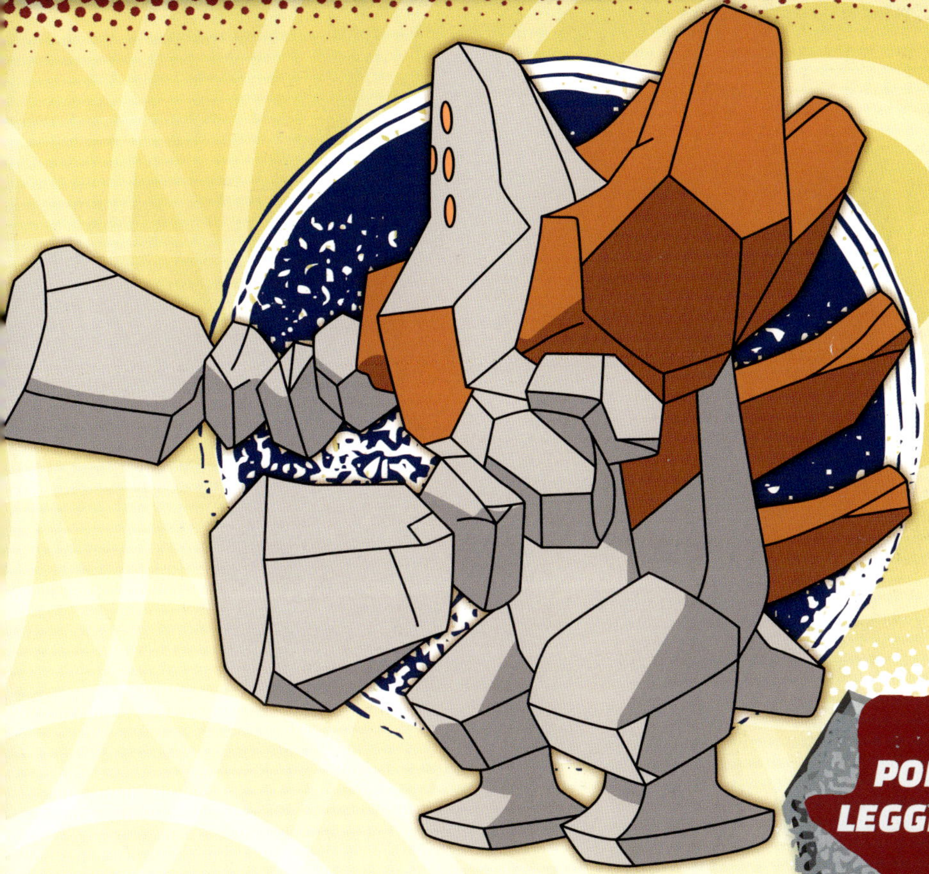

POKÉMON LEGGENDARIO

REGIROCK

Il corpo di Regirock è interamente fatto di rocce e recentemente si è scoperto che ogni roccia proviene da diverse zone del mondo. Infatti Regirock si auto-ripara attingendo a nuove rocce. Durante un combattimento può sostituire quelle danneggiate.

POKÉMON PICCO

Altezza
1,7 m

Peso
230,0 kg

Tipo
ROCCIA

POKÉMON LEGGENDARIO

REGISTEEL

Il metallo di cui è composto il corpo di Registeel è una misteriosa sostanza, più dura di qualsiasi altra. Gli antichi chiusero questo Pokémon in una prigione. Avendo vissuto sottoterra per migliaia di anni, il metallo del suo corpo è stato sottoposto a fortissime pressioni, tanto che oggi neppure gli scienziati più esperti sono in grado di dire quale sia la sua vera composizione. La teoria più accreditata è che questo metallo non sia terrestre: si tratta di qualcosa di unico e di origine sconosciuta. È un materiale così resistente che, sebbene Registeel all'interno sia completamente vuoto, risulta indistruttibile. Niente può ferirlo e neppure scalfirlo.

POKÉMON FERRO

Altezza
1,9 m

Peso
205,0 kg

Tipo
ACCIAIO

LA BATTAGLIA IN DIFESA DI QUATTRO POKÉMON LEGGENDARI

Ash, Brock, Lucinda, Piplup e Pikachu si erano recati in visita da Baldo, l'Asso della Piramide Lotta, quando arrivò Maria, guardiana del Tempio di Nevepoli.

«Baldo, un gruppo di sconosciuti ha circondato l'entrata del tempio!» gridò Maria.

«Salite sulla Piramide Lotta e andiamo subito lì» disse Baldo.

Ash e i suoi amici non se lo fecero ripetere due volte e presero il volo insieme a Baldo.

Sulla Piramide Lotta, Maria cominciò a raccontare la storia del suo amato tempio: «Le leggende narrano che, tanti anni fa, un potente vulcano eruttò e incendiò la Foresta di Nevepoli, riducendo in cenere tutta la vegetazione. Mentre la lava fuoriusciva, fu subito evidente che avrebbe distrutto l'intera Nevepoli. Poi, nell'oscurità apparve una luce blu e il Pokémon Leggendario Regigigas. Insieme a Regirock, Registeel e Regice, egli bloccò il vulcano ed evitò ulteriori devastazioni. Uniti, i quattro Pokémon Leggendari avevano salvato la città dalla sicura rovina! Regigigas si trasformò in una tonda e luminosa pietra blu, e in questa forma cadde in un sonno profondo. Per proteggere il gigante addormentato, Regirock, Regice e Registeel si trasformarono a loro volta e divennero tre pilastri guardiani, fatti dei tre elementi: roccia, ghiaccio, acciaio. Il Tempio di Nevepoli sorge nel punto in cui avvenne questa magica trasformazione. I quattro Pokémon Leggendari sono rimasti lì per secoli, al sicuro. Fino a oggi...».

La Piramide Lotta, nel frattempo, era giunta al tempio, e Baldo capì subito chi

lo minacciava: era la cacciatrice J, una bracconiera di Pokémon con i suoi seguaci, che si era messa in testa di catturare il Leggendario Regigigas.

Prima che Baldo e gli altri potessero fare il minimo movimento, la cacciatrice J inviò contro di loro sciami di Metang e Skarmory.

Whap!

Bam!

Pop!

La Piramide Lotta fu colpita da una raffica di Fangobombe e Cannonflash! I colpi danneggiarono la Piramide Lotta e Baldo fu costretto a un atterraggio d'emergenza. «Tenetevi forte!» urlò.

La Piramide Lotta colpì il suolo e scivolò per un tratto.

Baldo e gli altri scesero e corsero subito verso il tempio.

«Sono di nuovo qui!» gridò uno degli sgherri della cacciatrice J.

«Preparatevi per un altro attacco!»

Un altro sciame di Metang e Skarmory si levò in volo, pronto a colpire di nuovo, ma Ash fu più veloce e chiamò: «Pikachu, usa Fulmine! Ora!».

«Piplup, usa Bollaraggio!» gridò Lucinda a sua volta.

In questo modo i nostri eroi riuscirono ad aprirsi la strada verso il tempio.

Ash e i suoi amici corsero verso l'altare e si ritrovarono faccia a faccia con la cacciatrice J.

Intorno a lei c'erano i resti dei pilastri di Regice e Regirock. Dal suo sguardo compiaciuto, era chiaro che non si sarebbe fermata davanti a niente pur di raggiungere il suo scopo.

Con il potente Salamence ai suoi ordini, voleva distruggere i Leggendari Guardiani e risvegliare Regigigas.

«Non farlo!» l'ammonì Maria. «Disturbare Regigigas può causare disastri!»

«Pff!» sbuffò la cacciatrice J, facendo cenno a Salamence di colpire ancora.

Con un fulmineo Iper Raggio, Salamence fece crollare il pilastro di Registeel davanti all'altare, in modo da sbarrare la strada ad Ash e ai suoi amici.

«Adesso potete solo stare a guardare» disse la cacciatrice J con un ghigno.

Salamence colpì la pietra blu di Regigigas con Lanciafiamme. Improvvisamente, un raggio di luce rossa proruppe dal pavimento. Un ruggito furioso annunciò il risveglio di Regigigas, che iniziò a colpire le pareti del tempio. L'intero edificio iniziò a sbriciolarsi.

«Regigigas, devi fermarti!» gridò Ash, schivando un grosso calcinaccio.

Ma era impossibile ricondurre il gigante alla ragione.

«La rabbia lo rende violento!» gridò Maria.

Tutti, anche la cacciatrice J e Salamence, furono costretti a cercare riparo dalla pioggia di detriti provocata dai colpi di Regigigas.

Baldo chiamò Regirock, Registeel e Regice per protegge i suoi compagni e, con l'aiuto dei Pokémon Leggendari, riuscirono tutti a mettersi in salvo.

BOOM! Il tempio collassò in un mucchio di rovine. Con un ultimo violentissimo colpo, Regigigas si liberò: niente più poteva trattenere la sua furia cieca!

Baldo capì che dovevano tentare di catturarlo, quindi chiese a Regirock, Registeel e Regice di lanciare contemporaneamente Iper Raggio e Centripugno. Ma il triplo attacco non fu sufficiente contro il Pokémon Colossale.

«Ha fermato tutte e tre le mosse in un colpo solo!» esclamò Lucinda.

Baldo chiese a Regice di usare Geloraggio, e Regigigas si trasformò in un iceberg.

«Ce l'hai fatta!» esultò Ash.

Ma era stato troppo ottimista. La rabbia di Regigigas era tale che riuscì

a sbriciolare lo strato di ghiaccio che lo avvolgeva. Regice, Registeel e Regirock tornarono all'attacco.

Nel frattempo, la cacciatrice J si lanciò verso Salamence e ordinò agli Ariados di chiudere Baldo e i suoi compagni nella morsa di Millebave.

«Non farlo, cacciatrice J!» gridò Ash.

D'un tratto il Pokémon Colossale colse tutti di sorpresa con Stordiraggio.

Regirock, Registeel e Regice iniziarono a seguire le istruzioni di Regigigas e si ribellarono alla cacciatrice J, che fu costretta alla fuga.

«È come nella leggenda! Sono diventati i tre pilastri che proteggono Regigigas!» esclamò Maria.

Ma i quattro Pokémon Leggendari non si fermarono, continuando a lanciare attacchi in tutte le direzioni. Si stavano dirigendo verso la città!

«Se non li fermiamo, sarà un disastro!» li avvertì Baldo. Erano ancora intrappolati nella bava degli Ariados. «*Croagunk!*» chiamò Brock, e il piccolo Pokémon proruppe dalla Poké Ball.

Croagunk non perse tempo e liberò il suo Allenatore, che a sua volta riuscì a liberare gli altri dalla morsa vischiosa di Millebave.

Gli amici si lanciarono all'inseguimento dei Pokémon Leggendari, ma non erano soli: la cacciatrice J e i suoi sgherri stavano già preparando una trappola nel valico tra due montagne.

Appena Regigigas fu in vista, la cacciatrice J ordinò di spararargli tra i piedi e dalla sua nave partirono valanghe di colla.

Regirock, Registeel e Regice reagirono subito per proteggere Regigigas.

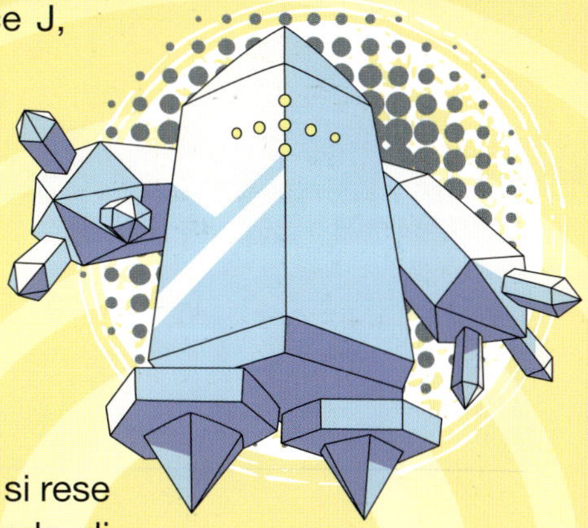

«Toglietevi di mezzo!» strillò la cacciatrice J, sparando con l'arma che portava sul polso.

Ash e i suoi amici arrivarono proprio nel momento in cui Registeel e Regice venivano pietrificati. Ma prima che cacciatrice J potesse fare lo stesso con Regirock, Baldo si frappose tra i due per difendere il Pokémon Leggendario. Un attimo dopo era una statua di pietra!

«No, Baldo!» urlò disperatamente Ash.

Regigigas abbassò lo sguardo su Baldo e si rese conto che lui e i suoi amici stavano cercando di aiutarlo.

«Siete solo un mucchio di sciocchi!» sbottò la cacciatrice J, puntando il braccio su Ash e gli altri, pronta a sparare.

Questo gesto fece infuriare ancora di più Regigigas, che trovò la forza di liberarsi dalla trappola di colla per aiutare i suoi nuovi amici. Con un balzo si mise davanti alla cacciatrice J e quest'ultima capì che non aveva più alcuna speranza. Molto meglio darsela a gambe che affrontare il furibondo Regigigas.

La battaglia era vinta, ma Baldo, Regice e Registeel erano ancora pietrificati. Cosa fare?

«Brock, non c'è modo di farli tornare normali?» chiese Ash.

«Non lo so...» ammise Brock.

«Regigigas, perdonaci!» gemette Maria. «Non siamo stati capaci di proteggerti come avremmo dovuto, anche se ce l'abbiamo messa tutta. Puoi fare qualcosa per loro?»

Regigigas annuì, pronto a dare aiuto, e avvolse le tre figure di pietra nel bagliore blu di Introforza. La pietra si sciolse all'istante, liberando Registeel, Regice e Baldo!

«Regigigas, stai bene?» chiese Baldo.

Regigigas annuì nuovamente. La sua rabbia si era completamente dissipata e, sotto gli occhi dei suoi amici, tornò alla sua forma tonda di pietra blu.

«Che il sonno di Regigigas non sia mai più disturbato!» proclamò Baldo. Quindi promise che, come nell'antica leggenda, Regirock, Regice e Registeel sarebbero rimasti al loro posto di pilastri guardiani.

Ash e i suoi amici ripresero il loro viaggio, felici di aver contribuito alla salvezza dei quattro Pokémon Leggendari.

POKÉMON LEGGENDARI E MISTERIOSI DI SINNOH

POKÉMON MISTERIOSO

POKÉMON GRATITUDINE

FORMA TERRA

Altezza
0,2 m

Peso
2,1 kg

Tipo
ERBA

SHAYMIN

Shaymin può assumere due forme: Terra e Cielo. Nella forma Terra Shaymin è timido, mentre nella forma Cielo è audace. Malgrado il diverso carattere, le due forme hanno lo stesso potere: ripulire completamente un territorio devastato dall'inquinamento.

Quando il fiore di Gracidea sboccia, Shaymin può volare. Ovunque vada, riesce a eliminare le sostanze tossiche dall'aria e porta gratitudine.

Ash e i suoi amici hanno visto il passaggio dalla Forma Terra alla Forma Cielo. In una foresta il gruppo incontrò Risetta, una ragazza che si stava prendendo cura di un Shaymin ferito. Ash e gli altri furono ben lieti di aiutarla a riportarlo in salute. Trovarono un campo di Gracidea in fiore e Shaymin poté trasformarsi nella Forma Cielo. Il Pokémon Misterioso ottenne così le ali e ben presto fu in grado di volare per andare a diffondere la Gracidea nel mondo.

POKÉMON MISTERIOSO

POKÉMON PRIMEVO

Altezza
3,2 m

Peso
320,0 kg

Tipo
NORMALE

ARCEUS

Secondo i miti della regione di Sinnoh, Arceus nacque dal suo Uovo nel nulla, formando il mondo e tutto ciò che esso contiene. Per questo motivo, Arceus è considerato il creatore ed è chiamato Pokémon Primevo.

MANAPHY

POKÉMON MISTERIOSO

Fin dalla nascita, Manaphy è in grado di stringere fortissimi legami con qualsiasi genere di Pokémon. È davvero bravissimo a fare amicizia e crea empatia con la sua sensibilità. Può aiutare le persone a cambiare idea, mostrando loro ogni aspetto di una questione tramite Cuorbaratto.

Manaphy non si sottrae mai ai suoi doveri nei confronti della comunità ed è spesso il capo dei Pokémon che vivono nell'oceano: per questo è chiamato anche Principe del Mare.

POKÉMON OCEANDANTE

Altezza
0,3 m

Peso
1,4 kg

Tipo
ACQUA

POKÉMON MISTERIOSO

POKÉMON OCEANBONDO

Altezza
0,4 m

Peso
3,1 kg

Tipo
ACQUA

PHIONE

I Phione vivono in grandi gruppi e si spostano con le correnti calde del mare. Dopo aver nuotato per un po' riescono sempre a tornare a casa, anche quando si sono spinti molto lontano.

Se la temperatura dell'acqua si alza, la testa di questi Pokémon Misteriosi si gonfia e permette loro di navigare sfruttando le correnti.

POKÉMON MISTERIOSO

DARKRAI

Darkrai difende il proprio territorio inducendo negli aggressori un sonno profondo e pieno di incubi.

Il buio fa parte della natura stessa di Darkrai che, secondo le leggende, esce a cacciare nelle notti senza luna. Poiché è fatto d'ombra, riesce a nascondersi facilmente nell'oscurità.

POKÉMON NEROPESTO

Altezza
1,5 m

Peso
50,5 kg

Tipo
BUIO

CRESSELIA

Le particelle luminose che fuoriescono dalle sue ali formano una vela. Si dice che sia il simbolo della luna crescente.

La gioia di Cresselia è l'unica cosa che possa bilanciare l'oscurità prodotta da Darkrai.

Ash e i suoi amici hanno sperimentato la capacità di Darkrai di rovinare una notte di sonno. Durante un viaggio a Canalipoli, scoprirono che tutti gli abitanti erano assaliti da terribili incubi. Ogni anno Darkrai visitava la città, ma si fermava una sola notte perché Cresselia, proveniente dall'Isola Lunapiena, lo mandava via. Quell'anno, invece, Darkrai aveva anticipato il suo arrivo, e non c'era nessuna traccia di Cresselia. Ash e i suoi amici si offrirono di aiutare l'Agente Jenny nella ricerca di Cresselia. Lucinda chiese aiuto a Swinub, che seguì le tracce di Cresselia fino alla scogliera sulla quale lei viveva.

Cresselia apparve, ma apparve anche il Team Rocket! Swinub si batté contro il trio di cattivoni con tale ardore che si evolse in Piloswine!

Una volta libera, Cresselia si diresse a Canalipoli per sfidare Darkrai, ma, appena il Pokémon Neropesto la vide, fuggì. Quando tutta la città poté di nuovo dormire sonni tranquilli, Cresselia disse addio ad Ash, Lucinda e i loro amici.

POKÉMON LEGGENDARIO

POKÉMON FALCATO

Altezza
1,5 m

Peso
85,6 kg

Tipo
PSICO

POKÉMON LEGGENDARIO

GIRATINA

Il Pokémon Leggendario Giratina fu mandato in esilio in un'altra dimensione dove tutto è bizzarro e c'è una bassa gravità. Giratina è l'unico che può viaggiare tra il Mondo Distorto e il nostro. Queste due dimensioni sono collegate: quando c'è un danno nel tessuto spazio-temporale, il Mondo Distorto lo ripara. Ma se Giratina si accorge che qualcuno provoca volontariamente e ripetutamente questi danni, non si dà pace finché non l'ha punito.

POKÉMON RIBELLE

Altezza
6,9 m

Peso
650,0 kg

Tipo
SPETTRO-DRAGO

POKÉMON LEGGENDARIO

POKÉMON CRATERE

Altezza
1,7 m

Peso
430,0 kg

Tipo
FUOCO-ACCIAIO

HEATRAN

Heatran è un tipo molto... caloroso. Si dice che sia nato dal fuoco e che il suo sangue sia ardente come la lava.
Vive in grotte prodotte da eruzioni vulcaniche, può arrampicarsi facilmente sulle pareti rocciose e anche camminare a testa in giù restando aggrappato con le zampe al soffitto.

POKÉMON LEGGENDARIO

DIALGA

Si dice che Dialga possa controllare il flusso del tempo con il suo possente ruggito. In antichità era oggetto di venerazione. Secondo la leggenda, il tempo stesso ha avuto inizio con la nascita di Dialga. Per questa sua caratteristica, può controllare gli orologi e usare Fragortempo per mandare nel passato gli avversari.

POKÉMON TEMPO

Altezza
5,4 m

Peso
683,0 kg

Tipo
ACCIAIO-DRAGO

POKÉMOM LEGGENDARIO

POKÉMON SPAZIO

Altezza
4,2 m

Peso
336,0 kg

Tipo
ACQUA-DRAGO

PALKIA

Si dice che Palkia possa distorcere lo spazio. Un tempo era oggetto di venerazione. Ci sono templi dedicati a Dialga e Palkia in tutta la regione di Sinnoh. Secondo le antiche leggende, Palkia vive in una dimensione parallela. Poiché non visita spesso il mondo dei Pokémon, non si sa molto su di lui, a parte il fatto che è in grado di modellare lo spazio.

POKÉMON LEGGENDARIO

REGIGIGAS

Secondo le leggende, Regigigas crea riproduzioni di sé stesso da rocce, ghiaccio e magma. È così grande da poter trainare un intero continente.

Ha un profondo legame con Regirock, Registeel e Regice, che appartengono a tipi diversi, ma hanno molto in comune con Regigigas: hanno tutti voci robotiche ed emettono raggi di luce. Inoltre, tutti e quattro frequentano luoghi antichi e dimenticati.

POKÉMON COLOSSALE

Altezza
3,7 m

Peso
420,0 kg

Tipo
NORMALE

POKÉMON LEGGENDARIO

POKÉMON VOLONTÀ

Altezza
0,3 m

Peso
0,3 kg

Tipo
PSICO

AZELF

Si dice che Azelf regga l'equilibrio del mondo ed è noto come l'Essere della Volontà. È nato dallo stesso uovo insieme ad altri due Pokémon Leggendari: Mesprit e Uxie. Per mantenere il mondo in equilibrio, senza disagi, dorme nelle profondità di un lago.

DEL LAGO

POKÉMON LEGGENDARIO

MESPRIT

Secondo la leggenda, Mesprit ha portato agli uomini gioia e tristezza, ed è chiamato “Essere delle emozioni”.

Mesprit ha insegnato la felicità, la malinconia e anche il dolore, e questi sentimenti hanno aggiunto complessità e profondità alla vita. Come Azelf, dorme nelle profondità di un lago, ma si dice che di tanto in tanto il suo spirito emerga e voli sulla superficie dell’acqua.

POKÉMON EMOZIONE

Altezza
0,3 m

Peso
0,3 kg

Tipo
PSICO

POKÉMON LEGGENDARIO

POKÉMON SAPIENZA

Altezza
0,3 m

Peso
0,3 kg

Tipo
PSICO

UXIE

Si dice che Uxie abbia portato il dono dell'intelligenza e dell'umanità, ed è conosciuto come "l'Essere della Conoscenza". Ma attenzione: lui è molto intelligente! Secondo la leggenda, può cancellare la memoria di qualcuno semplicemente guardandolo negli occhi.

POKÉMON LEGGENDARI E MISTERIOSI DI UNIMA

I SOLENNI

POKÉMON LEGGENDARIO

COBALION

POKÉMON METALCUORE

Altezza
2,1 m

Peso
250,0 kg

Tipo
ACCIAIO-LOTTA

Come il suo corpo, anche il cuore di Cobalion è forte come l'acciaio. Secondo le leggende, in passato ha protetto i Pokémon dagli umani pericolosi.

Il suo sguardo è potente quanto il suo corpo. Con una semplice occhiata, può calmare anche il Pokémon più inferocito. Non sopporta i comportamenti irrispettosi e induce sia i Pokémon sia gli umani a controllare le proprie maniere. Secondo gli antichi racconti, infatti, Cobalion ha sempre difeso i Pokémon dalle angherie degli esseri umani.

POKÉMON LEGGENDARIO

VIRIZION

Secondo la leggenda, Virizion può muoversi così rapidamente da lasciare di stucco gli avversari. Le sue corna sono leggiadre ed eleganti, ma taglienti come rasoi. Potresti non vederlo mentre ti sfreccia vicino! Cercare di osservare i suoi movimenti è come tentare di seguire il vento. Se il Pokémon Prateria decide di passare, può investire l'avversario facendosi largo a cornate.

POKÉMON PRATERIA

Altezza
2,0 m

Peso
200,0 kg

Tipo
ERBA-LOTTA

POKÉMON LEGGENDARIO

TERRAKION

POKÉMON CAVERNA

Altezza
1,9 m

Peso
260,0 kg

Tipo
ROCCIA-LOTTA

Le leggende narrano che una volta Terrakion attaccò un castello per salvare i suoi amici Pokémon e che abbatté un enorme muro con la sua forza. Anche se può sembrare un tipo tutto-muscoli, in realtà ha un cuore grande e si prende cura dei Pokémon che sono in difficoltà. Quando, durante una guerra tra umani, alcuni Pokémon furono costretti ad abbandonare il loro territorio,Terrakion corse subito ad aiutarli.

POKÉMON MISTERIOSO

KELDEO

Keldeo viaggia nel mondo e si ferma presso spiagge o sponde dei fiumi, dove può cavalcare sulle onde. Quando questo Pokémon Misterioso ha un obiettivo da raggiungere, acquista una velocità tale da risultare quasi invisibile. La determinazione, infatti, aumenta i suoi poteri e gli permette di diventare velocissimo, tanto che nessuno può vederlo in azione.

POKÉMON PULEDRO

Altezza
1,4 m

Peso
48,5 kg

Tipo
ACQUA-LOTTA

POKÉMON MISTERIOSO

POKÉMON PALEOZOICO

Altezza
1,5 m

Peso
82,5 kg

Tipo
COLEOTTERO-ACCIAIO

GENESECT

Il potente cannone che Genesect ha sulla schiena è il risultato di una manipolazione del Team Plasma. Questo Pokémon Misterioso ha 300 milioni di anni! Era solo un fossile quando i malvagi componenti del Team Plasma misero le mani su di lui: lo riportarono in vita, ma lo cambiarono per sempre.

VICTINI

Secondo i miti, Victini può condurre alla vittoria in qualsiasi tipo di competizione. Poiché genera quantità illimitate di energia, può darne agli altri. Questo piccolo Pokémon è una specie di potente caricabatterie, che può rigenerare le forze di una persona o di un altro Pokémon. Con Victini al proprio fianco è impossibile perdere!

IL POKÉMON VITTORIA

Altezza
0,4 m

Peso
4,0 kg

Tipo
PSICO-FUOCO

IL TRIO

POKÉMON LEGGENDARIO

THUNDURUS

POKÉMON FULMINANTE

Altezza
1,5 m

Peso
65,0 kg

Tipo
ELETTRO-VOLANTE

Thundurus può emettere potenti scariche elettriche dalle spine della sua coda. Questo Pokémon Leggendario può causare tempeste di fulmini che spesso provocano incendi, alcuni dei quali sono passati alla storia per le devastazioni arrecate. Quindi, se ti trovi vicino a questo Pokémon permaloso, tieniti alla larga dalle sue saette.

DEI KAMI

POKÉMON LEGGENDARIO

TORNADUS

Avvolto nella sua nuvola, Tornadus può volare a 300 chilometri all'ora e causare violente bufere di vento, con raffiche che possono abbattere gli edifici. Le mosse di questo Pokémon Leggendario sono fulminee, ma le loro conseguenze possono essere durature. Tornadus può provocare venti devastanti semplicemente battendo la coda, e con un po' di energia può generare immani tempeste. Un suo fischio può rovesciare una casa!

POKÉMON TURBINIO

Altezza
1,5 m

Peso
63,0 kg

Tipo
VOLANTE

POKÉMON LEGGENDARIO

LANDORUS

POKÉMON FERTILITÀ

Altezza
1,5 m

Peso
68,0 kg

Tipo
TERRA-VOLANTE

Poiché la sua presenza favorisce i raccolti, è considerato il protettore dei campi. Questo Pokémon Leggendario usa l'energia del vento e dei fulmini per arricchire il suolo.

Anche se Landorus sta in cielo, ha un incredibile potere sulla terra. Non importa se un terreno è abbandonato o sporco, Landorus lo trasformerà in un magnifico angolo fertile. Con la sua coda, nutre i campi e fa sì che diano ottimi frutti. Dopo il suo intervento, ciò che è seminato cresce quasi all'istante e i raccolti sono rigogliosi.

LA FURIA E IL RITORNO DELLE LEGGENDE

Ash e i suoi amici Iris e Spighetto erano andati nell'Isola di Milos alla ricerca di Vitalerba per curare i Pokémon feriti. Quando arrivarono, la loro guida Lewis li informò che tutte le distese di Vitalerba erano secche e i suoi Pokémon stavano sempre peggio! Gli era rimasta solo una Vitalerba di scorta.

Lewis era deciso a riportare in vita la terra e aveva pianificato per il giorno successivo una speciale Danza della Pioggia insieme al suo Pokémon Gothorita. Ash, Iris e Spighetto si offrirono di aiutarlo. Così Lewis iniziò a raccontare la leggenda dell'Isola di Milos...

Tanti anni prima, Thundurus e Tornadus erano impegnati in un'epica battaglia. Landorus intervenne coraggiosamente per fermarli e fu gravemente ferito. L'antico popolo dell'Isola di Milos usò la Vitalerba per curare

il Pokémon Leggendario, che recuperò le forze e riuscì a fermare i contendenti. Per ringraziare le persone che lo avevano aiutato, Landorus trasformò l'Isola in un paradiso pieno di Vitalerba.

La mattina successiva, i ragazzi di diressero al Tempio Abbondanza dove, sotto un pilastro di pietra scolpito con antiche incisioni, riposava Landorus.

«Landorus!» chiamò Lewis. «La Vitalerba è secca. Chiediamo pioggia per l'Isola di Milos!»

Gothorita ripeté le parole di Lewis in un canto e la sua voce generò una fiammella rosa che raggiunse le nuvole.

Un'enorme nube scura prese forma. All'inizio sembrava gonfia di pioggia, ma poi uno strano disegno apparve in cielo e dalla nube uscì il Pokémon Leggendario Tornadus che cominciò ad attaccarli con Tifone ed Eterelama.

«Attenti!» gridò Iris. «Perché Tornadus è così arrabbiato?»

«È successo qualcosa al suo pilastro di pietra!» rispose Lewis.

I ragazzi corsero subito via per scoprire cosa fosse accaduto e si accorsero che il pilastro di Tornadus era stato distrutto! Niente poteva fermare la furia del Pokémon Turbinio.

«Chi può aver fatto questo?» si chiese Lewis. I ragazzi si accorsero che anche il pilastro di Thundurus era stato distrutto e i Pokémon furiosi ora erano due!

«*Thuuundurus!*» ruggì Thundurus.

«*Torrrrnaaaadus!*» gli fece eco Tornadus.

I due iniziarono a lottare l'uno contro l'altro, proprio come nell'antica leggenda.

«La battaglia tra Tornadus e Thundurus è ricominciata!» esclamò Lewis.

«Dobbiamo fermarli, in fretta!» disse Ash.

Snivy lanciò Verdebufera. *Pew, pew, pew!*

Excadrill emise Focalcolpo. *Wham!*

Axew scagliò Ira di Drago. *Boom!*

Stunfisk provò con Pantanobomba. *Slap!*

Ma i Pokémon Leggendari schivarono facilmente le loro mosse, quindi Lewis chiese a Gothorita di provare a farli ragionare.

Gothorita cantò con tutto il suo cuore, ma il suo messaggio servì solo a far infuriare di più i due Pokémon. Il vento di Tornadus si abbatté sulle foreste e le saette di Thundurus sbriciolarono le pareti rocciose. Cercando di distruggersi l'un l'altro, i due Pokémon Leggendari rischiavano di devastare l'intera Isola di Milos!

«C'è solo una cosa da fare» suggerì Lewis. «Dobbiamo trovare una sacerdotessa che possa evocare Landorus, il guardiano dell'Isola.»

«Dove la troviamo una sacerdotessa?» chiese Iris.

«Ce l'ho proprio qui davanti» le rispose Lewis con un sorriso accennato.

Vestita con gli abiti tradizionali dell'Isola di Milos, Iris fu subito pronta a dare il meglio di sé. Lewis portò delle misteriose pietre che dovevano servire ad amplificare il potere di Gothorita.

Giunti al pilastro di Landorus, Iris si inchinò: «Landorus, chiedo il tuo aiuto dal profondo del mio cuore». Gothorita, in un bagliore rosa, ripeté quelle parole in un canto e una forte luce gialla si diffuse intorno a loro per poi puntare dritta verso il cielo. La luce fu assorbita in una forma: era Landorus!

«Landorus» disse Lewis in tono solenne. «Tornadus e Thundurus stanno lottando con una tale rabbia che presto distruggeranno l'Isola di Milos. Ti prego di fermarli!»

«*Landor!*» ripose il Pokémon, annuendo.

Un lampo di luce fendette il cielo grigio e Landorus lo seguì per trovare i due combattenti e convincerli a smettere.

«*Thundurus!*» fu la risposta dell'uno, che subito lanciò Focalcolpo.

«*Torrrrnadus!*» rincalzò l'altro, scagliando Tifone.

Landorus li aveva convinti a smettere di combattere tra loro: adesso si erano coalizzati contro di lui!

«Sono due contro uno!» gridò Ash.

Landorus si difese con una potente Extrasenso. Tornadus reagì con Martelpugno, che scaraventò Landorus contro una montagna. Intrappolato, Landorus non aveva modo di difendersi da un nuovo Focalcolpo! Ma il Pokémon riuscì a liberarsi in tempo e lanciò Iper Raggio!

Quando Tornadus contrattaccò con Introforza, enormi massi si staccarono dalla montagna e rovinarono al suolo.

Crash!

«Landorus, dietro di te!» gridò Lewis.

Gothorita reagì subito, lanciando Psicoshock per fermare l'attacco a sorpresa di Thundurus.

«*Laaaaaandoruuuuuuuus!*» gridò Landorus, reagendo con Iper Raggio.

Centrati! Mentre Thundurus e Tornadus si riprendevano dal colpo, Landorus tentò di nuovo di farli ragionare. Ma proprio in quel momento, dei raggi laser circondarono i Pokémon Leggendari, chiudendoli in tre gabbie!

«*Thunduuuur!*» urlò Thundurus, cercando di liberarsi. Ma nessuno dei tre potenti Pokémon poté far nulla contro quelle sbarre laser.

«Chi è stato?» chiese Lewis.

«Chi? Prova a indovinare!» rispose James. Era il Team Rocket!

«Siete stati voi a distruggere i pilastri!» disse Lewis.

«Bravo!» rispose James. «E sapevamo che avreste subito evocato Landorus.»

«E adesso sono tutti e tre in mano nostra!» aggiunse Jessie.

«Non finché noi siamo qui!» intervenne Ash.

Insieme, Ash, Iris, Spighetto e Lewis lanciarono i loro Pokémon all'attacco.

Roggenrola sparò Cannonflash contro le gabbie. *Whap!*

Emolga provò con Introforza. *Pow!*

Pansage le colpì con Solarraggio. *Boom!*

Gothorita rincarò la dose con Palla Ombra. *Swish!*

Ma quando il fumo si dissipò, i tre Pokémon Leggendari erano ancora imprigionati.

Il Team Rocket salì su un elicottero e agganciò le gabbie.

«Chi trova tiene!» rise James, salutando con la mano.

«Ciao, perdenti!» aggiunse Meowth mentre l'elicottero decollava.

Ma Ash, Iris, Spighetto e Lewis non si diedero per vinti: lanciarono i loro attacchi contro l'elicottero e non contro le gabbie.

Roggenrola sparò Cannonflash contro le gabbie. *Whap!*

Emolga provò con Introforza. *Pow!*

Pansage le colpì con Solarraggio. *Boom!*

Aveva funzionato! L'elicottero iniziò a perdere fumo e il Team Rocket fu costretto a sganciare le gabbie, che si distrussero nella valle sottostante.

«*Laaaandorus!*» gemette Landorus.

Il Pokémon era ferito e non poteva continuare a lottare. Tornadus e Thundurus, invece, ripresero ad attaccarlo.

Solo una cosa poteva salvare Landorus: l'ultima Vitalerba.

«Gothorita, manda la Vitalerba a Landorus!» disse Lewis.

Gothorita iniziò a cantare, e la Vitalerba, trasportata dalla sua potente luce rosa, viaggiò nella valle verso Landorus.

Thundurus e Tornadus attaccarono insieme per evitare che la preziosa erba potesse arrivare a Landorus.

«*Landorus!*» gridò quest'ultimo, lanciando Protezione.

Ricevuta la Vitalerba, Landorus guarì rapidamente e si alzò in volo.

«Sta accadendo tutto come nella leggenda dell'Isola di Milos!» esclamò Spighetto.

Più forte che mai, Landorus lanciò contro Thundurus e Tornadus un potente Iper Raggio, poi tentò di nuovo di parlare con loro.

Con le mani sul loro cuore, Landorus comunicò il suo desiderio di riportare la pace sull'Isola di Milos, e Gothorita si unì a questa preghiera.

«Sembra che Landorus alla fine ci sia riuscito!» disse Ash.

Le nubi scure si schiarirono e il sole tornò a risplendere sull'isola. Ma in quella luce, gli effetti della tremenda battaglia apparvero evidenti.

«Landorus, ti prego, fai qualcosa per l'isola!» disse Lewis. «Riportala allo stato di prima, in modo che la Vitalerba possa tornare a crescere!»

«*Landorus!*» rispose il Pokémom.

Ma lui non poteva fare tutto da solo. Aveva bisogno dei suoi fratelli leggendari, Thundurus e Tornadus, per ristabilire il delicato equilibrio naturale.

Thundurus usò il suo potere per la pioggia, Tornadus comandò i venti e Landorus portò i semi di Vitalerba, che immediatamente germogliarono in tutta l'isola.

«Evviva!» esultò Lewis. «Landorus, Tornadus, Thundurus, grazie!»

«Grazie!» dissero anche Ash, Iris e Spighetto.

Lewis promise che avrebbe continuato a prendersi cura dell'Isola di Milos e, andandosene, i ragazzi sapevano di lasciarla in ottime mani.

IL LEGGENDARIO

POKÉMON LEGGENDARIO

POKÉMON CONFINE

Altezza
3,0 m

Peso
325,0 kg

Tipo
DRAGO-GHIACCIO

KYUREM

Kyurem è stato congelato dalla sua stessa aria gelida. Si dice che questo Pokémon ritornerà se stesso quando incontrerà un eroe che gli porterà ideali o verità.

Kyurem non è certo una testa calda, neppure quando ha la febbre! Nel suo corpo alberga una glaciale energia che può raffreddare i più bollenti spiriti, ma per una fatalità si è auto-congelato.

UNIMA TRIO

POKÉMON LEGGENDARIO

POKÉMON BIANCO VERITÀ

Altezza
3,2 m

Peso
330,0 kg

Tipo
DRAGO-FUOCO

RESHIRAM

Le leggende dicono che Reshiram è attratto da chi crede nel valore della verità. Le fiamme che emette dalla coda possono provocare strani fenomeni atmosferici.

Questo Pokémon è bianchissimo, ma in realtà arde come il fuoco. Può provocare terribili incendi, ma userà i suoi grandi poteri per aiutare tutti quelli che vogliono un mondo in cui regni la verità.

POKÉMON LEGGENDARIO

ZEKROM

POKÉMON NERO IDEALE

Altezza
2,9 m

Peso
345,0 kg

Tipo
DRAGO-ELETTRO

Le leggende dicono che Zekrom aiuti chi persegue i propri ideali. Si circonda di nubi scure per passare inosservato e la sua coda può generare scariche elettriche. Quindi, se vedi un lampo, potrebbe non essere un temporale in arrivo, ma il Pokémon Nero Ideale!

Un giorno la Professoressa Aralia si ritrovò con tutti i computer fuori uso e sospettò che potesse essere stato Zekrom a tranciare i cavi elettrici. Ma anche se può combinare qualche disastro, Zekrom è armato solo delle migliori intenzioni.

POKÉMON MISTERIOSO

MELOETTA

Il canto di Meloetta può influire sulle emozioni di umani e Pokémon. Le magnifiche melodie di questo Pokémon Misterioso possono indurre una profonda tristezza o una grande allegria.

Dietro i dolci suoni emessi da Meloetta c'è un incredibile potere, poiché essi sono letteralmente carichi di emozione e possono trasformare l'umore di chiunque li ascolti.

POKÉMON MELODIA

Altezza
0,6 m

Peso
6,5 kg

Tipo
NORMALE-PSICO

MELOETTA E ASH: EVOLUZIONE DI UN'AMICIZIA

Se il Pokémon Melodia ha un problema, Ash accorre sempre in aiuto! Ma anche quando è Ash a essere in difficoltà, Meloetta appare.

Ecco come è nata la loro amicizia.

Ash incontrò Meloetta al Pokéwood, a Zondopoli, salvandolo da un pezzo di scenografia che stava per cadergli addosso.

Ash è sempre pronto ad aiutare i Pokémon che ne hanno bisogno, quindi non si rese neppure conto di aver fatto qualcosa di speciale. Ma Meloetta decise di seguirlo in segreto nel suo viaggio.

Il Team Rocket, nell'intento di catturare Meloetta, preparò una rete elettrica per intrappolarla. Meloetta riuscì a fuggire, ma rotolò giù da una collina e si ritrovò in mezzo a una strada. Per fortuna, Ash e i suoi amici stavano percorrendo proprio quella strada insieme a Camilla e si fermarono immediatamente per soccorrere il Pokémon Melodia. Con le medicine di Camilla, Ash riuscì a curare Meloetta, che volò via. Ma quello non sarebbe stato il loro ultimo incontro, perché la voce di Meloetta, dotata di un misterioso potere, li avrebbe ben presto aiutati.

Quando Ash e i suoi amici si ritrovarono in pericolo, alle prese con un Onix, e tutto sembrava perduto, il Pokémon Misterioso iniziò a cantare. Il suo canto giunse alle orecchie di un altro Onix che, commosso, decise di intervenire per combattere con l'Onix che aveva attaccato Ash.

Malgrado la sua grande timidezza, Meloetta non si lasciò sfuggire l'occasione di aiutare Ash nella Coppa Junior! Anche quando Ash non era impegnato nella competizione, Meloetta vegliava su di lui e sui suoi amici. Li aiutò a trovare riparo e cibo sotto la pioggia, e nell'attraversare un ponte rotto. Il Pokémon Melodia è dolce quanto il suo stesso canto!

POKÉMON LEGGENDARI E MISTERIOSI DI KALOS

POKÉMON LEGGENDARIO

POKÉMON DISTRUZIONE

Altezza
5,8 m

Peso
203,0 kg

Tipo
BUIO-VOLANTE

YVELTAL

Quando Yveltal apre le ali, le piume lanciano bagliori rossi. Si dice che questo Pokémon Leggendario possa assorbire l'energia vitale degli altri.

La luce cremisi delle sue ali gli conferisce un aspetto magnifico, ma attenzione: può essere molto pericoloso.

POKÉMON LEGGENDARIO

XERNEAS

Le corna di Xerneas brillano di tutti i colori dell'iride. Si dice che questo Pokémon Leggendario possa donare l'immortalità.

Prima di rinascere, Xerneas ha vissuto in forma di albero per un intero millennio. Dopo questo lunghissimo sonno, non stupisce che abbia un aspetto così magnifico.

POKÉMON CREAZIONE

Altezza
3,0 m

Peso
215,0 kg

Tipo
FOLLETTO

POKÉMON LEGGENDARIO

ZYGARDE

IL POKÉMON EQUILIBRIO

Altezza
5,0 m

Peso
305,0 kg

Tipo
DRAGO-TERRA

Zygarde vive nelle profondità di una caverna nella regione di Kalos. Si dice che questo Pokémon Leggendario sia un guardiano dell'ecosistema. Preferisce starsene in disparte, ma appare ogni qual volta il delicato equilibrio naturale sia minacciato.

DIANCIE MEGA DIANCIE

DIANCIE

Secondo il mito, Diancie è la mutazione di Carbink, ed è una delle cose più belle che esistano al mondo. Ha il potere di comprimere il carbonio presente nell'atmosfera e creare diamanti con le proprie mani. Questo lucente Pokémon rosa, dall'aspetto così bello, è praticamente un gioiello vivente. Non a caso si dice che sia il più bello tra tutti i Pokémon.

POKÉMON MISTERIOSO

POKÉMON GEMMA

Altezza: 0,7 m

Peso: 8,8 kg

Tipo: ROCCIA-FOLLETTO

MEGA DIANCIE

POKÉMON GEMMA

Altezza: 1,1 m

Peso: 27,8 kg

Tipo: ROCCIA-FOLLETTO

HOOPA VINCOLATO

HOOPA LIBERO

POKÉMON MISTERIOSO

HOOPA

POKÉMON BIRBA

Altezza
0,5 m

Peso
9,0 kg

Tipo
PSICO-SPETTRO

Hoopa ha molti poteri, peccato che li usi per nutrire la sua avidità e non a fin di bene. La sua brama di ricchezza non conosce limiti e, con la forza che si ritrova, questo Pokémon Misterioso riesce a ottenere tutto quello che desidera. Una volta aveva deciso di impossessarsi del tesoro di un re ed era così determinato che rubò l'intero castello. Riesci a immaginare cosa significa portare via un edificio di mattoni solo per ottenere qualche fronzolo?